COLLECTION FOLIO

André Velter

# Zingaro
# suite équestre

Dessins d'Ernest Pignon-Ernest

Gallimard

© *Éditions Gallimard,* 1998

Né en 1945 dans les Ardennes, André Velter publie son premier livre, *Aisha* en 1966, en compagnie de Serge Sautreau. Il est l'auteur d'essais (avec Marie-José Lamothe) : *Le livre de l'outil*, *Les outils du corps*, *Les bazars de Kaboul*, *Ladakh-Himalaya*.

Principaux ouvrages de poésie : *Passage en force*, *Étapes brûlées*, *Ouvrir le chant* (Le Castor Astral/Écrits des Forges), *L'enfer et les fleurs* (Fata Morgana), *L'Arbre-Seul*, *Du Gange à Zanzibar*, *Le Haut-Pays*, *La vie en dansant*, *Le septième sommet*, *L'amour extrême* (Gallimard). Ces deux derniers titres sont dédiés à Chantal Mauduit.

André Velter partage son activité entre les voyages au long cours (Afghanistan, Inde, Tibet) et la mise en résonance des poésies du monde entier. Sur France-Culture, il a créé *Poésie sur Parole*. Il dirige les collections Poésie/Gallimard et L'Arbalète/Gallimard et, aux éditions Phébus, la revue *Caravanes*. Il a reçu le prix Goncourt de la Poésie en 1996.

*À Bartabas*

avec et contre les hommes
sur la terre des chevaux
l'aventure Zingaro

de fond en comble la vie
dans l'allant et l'allure

course à l'écart
qui ne suit que sa route
et ses magies une fois pour toutes
jusqu'à lever dans la poussière
le cercle de l'absolu

le départ a été volé
comme chez les vagabonds
les exilés les rôdeurs les manouches
les indomptés de naissance
qui forcent le destin

il y a là des refus et des lois
pour jouer un autre jeu
que celui de ce temps

sous la momie du monde
encore du feu encore du sang

alors arracher les bandelettes
crier avec les bêtes
piéger les faux-semblants
et lentement lacer ses guêtres

à seize ans s'en remettre à sa guerre
au-dehors au-dedans
ne plus vouloir d'un ciel clément
ni d'une trêve dans la tête

aussi braver la terre entière
et déterrer avec les dents
un souffle d'infinie conquête

plus un blasphème cardinal
jeté à pleins poumons :
*mon néant, pour un cheval !*

à cela infliger du sens
en gardant la fureur du chaos

de fond en comble la force
dans l'errance et les muscles

volonté d'en découdre
ailleurs par les champs désertés
en devenant le très patient chevalier
toujours armé d'impatience
qui mène ses chimères

et qui s'est baptisé
d'un déboulé barbare
où ça se barre et tabasse
façon Tarass Boulba
pour dire surtout « *basta* »

avant de poser la question
qu'oublient les Évangiles :
le Barabbas sauvé à la place du Sauveur
était-il fier comme Artaban ?

Aligre Avignon
les douves d'Aubervilliers

Bartabas dans le décor
plante un raffut de haute école
avec un rire de table rase

le clair-obscur dès l'origine
a mêlé le noir et le feu
injuriant les hommes
provoquant les dieux

(les hommes si oublieux
du défi qui délivre
les dieux si indolents
dans la brume des choses)

d'un premier coup de sabot
au fond de la fourmilière
il est sorti des êtres insolents
démons centaures et sortes d'anges
qui bousculent le parterre
des dindons et des oies

et l'honneur se présente
en étrange équipage :
un aigle sur l'épaule
crachant sur les passants

comme échappé d'une vieille terreur
comme rameutant les meutes d'antan
comme secouant les adultes
bien plus que les enfants

cruauté sans théâtre
dans la rue s'engouffrant
pour divaguer éructer pourfendre
agresser le repos et la norme

user violemment
des trois lettres du rat
jusqu'à en faire du grand art

le voyou qui vient
a des réflexes de voyant
des manières de prince à la roulotte
d'hidalgo ombrageux
de rude chef de clan

il croit contre l'usage et l'usure
à l'histoire inversée
à l'insomnie des légendes
aux mythologies actives
aux rites efficaces
au trouble fertile des choses
voire au bon usage de la bestialité

il veut de l'effort pour l'effort
de la noblesse chez les gueux
qui se mettent l'impossible en tête
avant de commencer
par se sortir les tripes

arrogant comme un timide
qui n'a pas pris de gants
il place son ordre désordonné
sous l'empire seul de la beauté

c'est le cavalier en cavale
de cabaret en opéra
de mirage en clair de nuit
qui danse à la mort à la vie
le sabbat de ses outrages
et ses enchantements

de fond en comble la lumière
dans l'excès et l'extase

une parade éphémère
où l'instinct se transforme
en harmonie à risque

avec des éclats de crinières
des naseaux frémissants
des os qui sentent la poudre

au temple des chevaux
un sacrifice d'amour sauvage
allie fureur et mystique
pour un galop qui se rêve
à l'aplomb de lui-même

# CABARET

au sabir de la tribu
ajouter la violence cavalière
du tumulte et des rires

très loin de tout

à la croisée des vieilles migrations
au bord d'un nouvel exode

dans la rumeur passée
de déferlantes d'hommes et de troupeaux
d'attelages de hennissements d'invectives
de prières et de mélodies tsiganes
qui mettent le cœur à l'envers

un lieu de fortune nomade
où ceux de la vie précaire
gagnent au change pour une fois
contre les sédentaires
qui bouclent la planète

très loin du règne du pareil au même

leur bivouac ouvert à tous les vents
ne renie rien du labeur des voyages

ni l'enclume qui bat
ni le violon qui chavire
ni l'écho du hurlement des loups
perdu au halo de la lune

avec pour incurable nostalgie
le mal d'un pays qui n'existe pas

transhumance est leur saison

comme s'il fallait toujours
être à la veille d'un pèlerinage
aux Saintes-Maries-de-la-Steppe

entouré des emblèmes de la horde
des oripeaux des reliques des images ternies
de déesses fantômes ou de dieux exigeants

les bœufs tirent le chariot lentement
où les cloches sonnent au ras du sol
et charment les esprits de la terre

le matin est un envol de paille dans le soleil
le soir une ronde alertée autour d'un brasero

on ne sait comment ce rendez-vous d'Apocalypse
lève un pacte de renaissance

comment un charroi de refrains
devient initiation brutale avec perte et fracas

d'emblée l'agression la dérision le saccage
dans une arène façon caf' conc' ou cathédrale

d'emblée une irruption qui blesse
un festin qu'il faut disputer à ses propres famines

car le cérémonial impose
de boire le vin des morts

avant d'affronter d'autres effrois
d'autres créatures effrénées
d'autres vertiges refoulés

comme nés d'une buée d'orage
d'un surcroît de splendeur
ou de la sueur des limbes

à la buvette de l'au-delà
on se rassure sans trop y croire
tout en acceptant de trinquer

des commis d'opérette
assurent un service déplorable
qui n'engage que les clients

ce sont bouffons en gilets rayés
kidnappés dans les salons
pour devenir garçons de piste

témoins de la copie conforme
ils ont le sérieux de l'emploi
et la panique à fleur de peau

tout les déborde tout les décadre
avec leur nom devant derrière
ils sont « micos* » chez Zingaro

*Commis, en verlan.

mais le mouvement qui emporte
qui déporte qui submerge
se défie des hiérarchies

l'intangible n'a pas de place
dans l'affrontement face à face
qui doit répéter ses preuves

combat du malhabile et de l'inquiétude
de la présomption et du don
du burlesque du complice du sublime

sans ignorer l'un au miroir de l'autre
l'un à l'affût de l'autre
l'un au meurtre de l'autre

le valet qui s'y met
quand le maître trébuche

l'âne qui ôte son bonnet
et s'offre des oreilles de mule

l'idole menée en procession
au milieu de sa basse-cour

le cavalier qui vient à pied
saluer son cheval

l'espace explose sous son lustre en balance
le manège est pris d'assaut
pour un tournoi à donner le tournis
avec une ménagerie qui ne ménage rien
qui pousse la volaille à la danse
et fait tourner les valets en bourrique

sur la ligne de partage des peurs
la fantasia s'accorde toutes les fantaisies
à condition d'être à la limite
exposée sans douceur et sans frein
jusqu'à mettre au jour les rapts
d'une nuit hors du temps

si le seuil est en flammes
il n'y a pas à fuir
mais à trouer le feu
pour lui voler son âme

boule de muscles
ramassés au grand galop
l'homme et sa monture
chargent d'un seul élan
l'aveuglement et la lumière

furie équestre
avec autant de rage que de joie

parcours céleste
s'il se peut que les chemins du ciel
s'éveillent au bruit des sabots

en ce réel plus vaste
un rodéo à ne pas reprendre haleine

à poursuivre ses désirs avoués
par-delà les aveux

à sentir le sable tomber sur le cœur
comme un linceul de sel

quand rien ne demeure
il y a péril en la pesanteur

le meneur sait jouer au médium
qui incarne ses croyances
relie ses visions ses secrets ses enfances
domine l'énergie sous le cuir

il a son fardeau de mystères
et quelque chose à vaincre
qui n'est jamais conquis

son royaume va l'amble
si la masse animée obéit à la main
si l'ordre se fait caresse
aux flancs de l'animal

sinon c'est le grand détour
par les âges sans repos
la bête ensauvagée de nouveau
qui mange son mors et cherche à mordre

sinon c'est le cavalier pris en chasse
qui force le refuge de la foule
et ne sait quelle offrande présenter
au coursier tutélaire qu'il a ressuscité

chaotique est le retour d'autorité
incertaine la soumission du compagnon rebelle
naïve la gloriole du dresseur
qui s'enhardit à mesure
que l'ascendant renaît

il lui vient au visage
le rictus de qui a tremblé
et recouvre un empire

nosferatu de bastringue
aux lèvres retroussées
jouissant un instant de sa totale emprise

mais ne tenant pas la pose
vacillant à ce ridicule du pouvoir
se retrouvant quasi fœtus
petit démiurge replié
entre les jambes de son propre cheval

alerte permanente pourtant
comme au comble du désir
avec la grâce et le cri
la sueur et l'encens

il passe une cavale blanche
dans un rêve de nuage

il passe un alezan
plus vite que le vent

il passe un picador
et c'est à peine une ombre

pour fasciner l'absence
et toréer le vide

harmonie sur le qui-vive
épouvante sur le qui-vive
révolte sur le qui-vive
amour sur le qui-vive

avec en vue les battants
des portes de la mort

c'est franchir
excéder exaspérer exaucer
brûler à contre-destin
cabrer l'âme et le corps

conjuguer la terreur et le rire
accepter aussi de ralentir
pour être d'attaque à l'arrêt
autant qu'en mouvement

avec cela cerner le maléfice
le réduire d'un pas léger
à son poids d'artifices
de cornes et de chiffons

ne pas se faire un monstre
du gnome ébouriffé
qu'engendre l'infamie

et s'en tenir à l'élégance extrême
d'un exorcisme clair
qui tient la ténèbre en respect

puis tenter le pari
de rejoindre à cheval
l'impossible tempo
dont les dieux andalous
ont fait l'orgueil des hommes

éveiller ce rythme
de centaure jubilant
à la cambrure ailée
qui crée des quatre fers
un flamenco équestre

et du seul élan
magique
d'un galop arrière
retourner à la nuit
dans un dernier écho

# OPÉRA

nomades de tous les pays
semez l'histoire et le temps
par les sentiers du monde

scène sur les confins
frontières évanouies
le cercle n'est pas
au service d'un centre

mais d'un territoire fauve
fait de no man's land
et de clameurs perdues

une zone archaïque
où ne s'enracinent
que les passions fatales
et la geste des déracinés

là se retrouvent ceux
qui ne se rencontrent pas
qui n'ont ni l'espace ni les mots
et pas d'épopées pas d'exils pas de croyances
ni de chants en commun

ceux des steppes sans fin
qui vivent d'herbe rase et de vent
aux marges des empires mouvants
où tout cavalier coiffé d'un bonnet noir
ressemble à un Cosaque
même s'il débarque de Géorgie

et ceux des montagnes sèches
qui apprivoisent sur les chemins du désert
la poussière et le vide
avec pour escorte la mémoire
des voix de femmes berbères
qui appellent le retour en poussant au départ

les deux tribus
que tout éloigne au nord et au sud
se jugent et se jaugent
avant de se défier

hommes durs et sombres
amarrés à leurs bottes
taillés en monolithes
dans la nuit des longs manteaux

femmes éclatantes et fières
parées pour la victoire
ou l'exaltation funèbre
de rapines dont on ne revient pas

peuples rattachés
au peuple des chevaux
mais d'horizons contraires
mais d'amours inverses

l'un qui capture
qui dompte qui prend
l'autre qui élève
qui dompte qui donne

l'un qui parie sur la prairie
l'eau des rivières
la fougue du soleil levant

l'autre qui porte le fourrage
tire la corde du puits
et repart avant l'aube

entre les clans
le cavalier funambule
renoue le fil
d'un vieil oubli

il est partout
à l'écart
celui qui porte
l'énigme

d'un étranger
qui n'est chez lui
que cheminant
à l'étranger

qui subjugue
et ne parle
que le dialecte
de son cheval

prier invoquer provoquer
reste au pouvoir des femmes
qui enfantent des guerriers
en maudissant la guerre

blessure ravivée
qui ne transige pas
séduction âpre
qui ne pardonne pas

celles-ci enjoignent
celles-ci grondent
celles-ci commandent
aux héros virils

d'entretenir sans cesse
et de mettre en péril
le troc d'héroïsme
où ils sont engagés

et les voilà déferlant
tout à la joie d'aller
à l'abordage du vent
les bras jetés en avant
et le corps porté
et le corps investi
et le corps traversé
du galop qui monte
qui submerge
qui embrasse
le reître et son élan
le coursier et sa course
comme un seul être
acharné à fouler
le tambour de la terre

charge débridée
où il n'y a d'autre urgence
que de pousser à bout
l'instinct de l'équilibre
l'instinct de la vitesse
l'instinct d'une mort bravée
pour une sangle défaite
ou un bris d'étrier

d'autre conquête qu'une frénésie
des souffles et des nerfs
des sabots et des cuisses
des voltes et des âmes
jusqu'au partage de l'effroi
de la sueur de l'ivresse
et sur les lèvres
d'une écume de sang

tumulte d'hommes
qui cinglent les siècles
en vue d'une démesure
en déroute
où l'on se risque librement

sans renier
au grand jamais
l'ancêtre de Transoxiane
du Ferghana ou du Caucase
qui leur rue dans les reins

et à l'heure du jeu féroce
de la chèvre à la tête coupée
ils sont dans la mêlée
des poitrails et des torses
des croupes et des dos cravachés
autant de masses de muscles
autant de houles d'échines
autant de balafres de cuir
autant de loques démembrées
de ce grand corps
de caillasse et de fièvre
qui hante les fiefs de Bactriane

quant à l'écuyer
de la fracture des âges

messager de nulle part

il n'a d'appartenance
qu'avec sa liturgie équestre

le voilà porté hors de l'ombre
dans le sillage d'une violoniste
qui improvise sa mélodie
comme si elle ressuscitait
de la lumière longtemps bannie

de la lumière de poudre d'ange
et de pur-sang ailé

il n'y a plus de codes
plus de carcans
pour brimer les secrets
et les signes

on voit des chevaux
qui fraternisent
toutes hordes confondues

et saluent le dromadaire
couché aux pieds
de la fille du désert
qui jette son rire
jusqu'aux étoiles

ailleurs dans les sables
une femme agenouillée
dévoile la tête blanche
d'un destrier
avec des gestes de vestale

elle dit sans rien dire
son respect sa tendresse
pour la relique au regard clair
qui garde trace d'une équipée
très en amont
des normes humaines

ce n'est pas la paix revenue
c'est un trouble à contretemps
qui s'adresse à d'autres dieux

car l'insolence peut-être douce
et quasi éternelle
quand elle prend fait et cause
et force de révélation

pour quoi pour qui
tourne-t-il en silence
celui qui pointe son javelot
vers le ciel

il est gardien
de quelle révolte
garant de quelle superbe
émissaire de quel désir

son défi lancinant
ne blesse qu'une absence
mais chavire les hauts songes

dans sa foulée revient le feu
de ce qui fut à l'infini
et si près de s'atteindre

là-bas déboule soudain
et c'est ici le cœur plus vaste

quand aucune excuse
ne se veut à la traîne
d'apparitions rebelles

*CHIMÈRE*

chevauchée dans les fables
on se perd en dansant
aux sources du désert

comme ressorti des nuits
pour un nouveau périple

l'emblème de l'errance
sans répit et sans fin

qui s'est fait un seul corps
de deux êtres et d'une lance

ce profil impassible
au silence de statue
impose une commotion
sans concordance des temps

on le dirait gravé
sur la monnaie des morts
qui rêvent d'un quadrige
plutôt que d'une barque

le chevalier s'abîme
dans l'eau verte du miroir
où il veut relever
l'empreinte de ses vies

mais il n'y a que ce double
à l'envers de lui
qui mêle son visage
et le ventre du cheval

où sont les traces de jadis ?
où les barrières forcées ?
où les défaites peut-être ?

que faut-il vite éclabousser
pour renaître purifié
à l'aube d'un vieux départ

approcher sur la terre
comme en songe
de l'origine déracinée
qui n'a pour sanctuaire
qu'une oasis aride ?

c'est profond dans les sables
et le cœur des légendes

plus de mille ans à colporter
les images et les chants
depuis les rives assoiffées
du vaste Rajasthan

plus de mille ans à partir
droit devant
pour que vole sur les routes
l'haleine de ceux qui passent

ce sortilège gitan
aussi fou que le vent

il faut avoir ruiné
plus d'un château en Espagne
pris d'assaut plus d'un moulin
et séduit Dulcinée
autant que Cascabelle

pour n'aborder qu'à l'impossible
n'aimer que l'écart
ne mesurer que la course
vers le soleil levant

où s'égare la caravane
des idoles nomades

te voici donc à l'œuvre
don Bartabas de la Manche

et ta quête chimérique
n'est pas au seul dédale
des chemins d'Orient

elle se mène à l'oreille
s'oriente à l'écho
se déroute pour un cri

quand s'éraille la voix
des bardes vagabonds

les Langas les Manganiyars
qui jettent à la volée

leur héritage de mots
leur viatique de sons

qui va conduire l'assaut
des vestiges et des dunes ?

hanter le territoire
des reflets et des fées ?

rallier une clairière
dans la fournaise de Thar ?

ce ne sont ni Rossinante
ni son frère

mais de hauts pedigrees
à longues encolures
larges poitrails
arrière-mains robustes
et reins puissants

qui ont des allures dégagées
piaffent noblement
se cabrent dans la lumière

car échappés de cet Olympe
où la religion ne répond
qu'à un appel de l'horizon

déjà le sentier des mirages
invente un lac au désert
et une fille-lotus
si lointaine et si proche

qui danse sous les étoiles
et ne sait qui séduire
des princes ou des poètes
des mortels ou des dieux

qui danse mille et une nuits
comme si c'était un jour
comme si c'était une vie
lovée dans une flamme

déjà le fanal aux prodiges
attire une cavale
qui trace un cercle d'or
près de l'eau magicienne

c'est l'attente d'un attrait
le vertige d'un désir
le partage d'un secret
qui exalte sa ronde

jusqu'à forcer le charme
et traverser les flots
pour qu'une main légère
lui caresse la bouche

toute la grâce s'est drapée
dans un sari mouillé

l'indomptable se laisse
subjuguer en douceur

et ce geste très pur
signe un trouble très chaste

le chant reprend
son droit de suite

voix de derviches
de divagants
gardent le cap
des égarés
en répétant
leurs litanies

sans un oubli
sans un oubli

voix qui se brisent
et qui renaissent
enchantement
ou vrai tourment
d'être né là
et de partir

sur un oubli
sur un oubli

en turban rouge
en robe rouge
déboule le messager
d'un autre caprice
et de ses flamboiements

debout sur ses destriers
c'est une présence écarlate
un sillage de braises et de sang

qui mène son train de démon
par enfers et catacombes
en se jouant des damnations

il est rouge rouge rouge
revenant du dernier crépuscule
rouge rouge rouge
comme l'ombre irritée
d'un râjâ sans royaume
qui n'a sauvé
que deux chevaux

quant au chevalier
il n'a pas quitté
son profil de déroute
ni sa triste figure

encore à son affaire
dans les temps éboulés
et par les solitudes

son combat n'a plus de vindicte
sa reconquête plus de verbe
son délire plus de mots

il se voue aux visions
le visage fermé
et la moue fardée
d'un soupçon d'effarement

la parole est tombée
au cliquetis du mors
pour le dialogue très gai
d'une sorte de Sancho
et d'un coursier farceur
qui restent sur le rythme
d'un refrain déjanté

...

*je n'ai rien à te dire*
*bouffon qui vas à pied*

*autant à ton service*
*toi qui portes un fêlé*

*tu me fais toujours rire*
*bouffon qui vas à pied*

*nous voilà vieux complices*
*toi qui portes un fêlé*

...

sur les champs de parade
qui retournent au désert
les écuyers se grisent
d'un fabuleux envol

avec les voiles des femmes
qui semblent des trophées
des offrandes
des ailes d'arc-en-ciel

ils effleurent le vent
ils font siffler le vide
ils traquent sans espoir
des voluptés défuntes

le danseur est celui
qui sait réaccorder
la beauté et la terre

celui qui bat le sol
les bras dans la lumière

celui qui porte un ange
sur ses épaules nues

celui qui vit léger
avec une prière
et un pacte d'amour

le danseur est venu
sur un étalon blanc
changer le poids des rêves
changer le cours des âges

incarner le mystère
de cette unité double
qui ne se reconnaît
qu'une seule âme d'or

on est dans une fable
réchappée de l'histoire

dans une prophétie
qui n'a d'autres devins

qu'un peuple de hasard
qui voit avec le cœur

qu'une foule éphémère
qui pense comme on se perd

déjà sur l'autre grève
par arrêt du destin
le cavalier retourne
au pays des merveilles

et son cheval attend
pour passer le miroir
de retrouver le songe
où l'inconnu est roi

*Eclipse*

là-bas des soleils contraires
éveillent les ténèbres et le jour
ce qu'ils éclairent ne se voit pas

tambour blafard
spectre de lune

nouvelle aurore
à l'Orient

par effraction
la déchirure

bouche qui saigne
une syncope

dans le dévers
d'un astre sombre

liturgie froide
en noir et blanc

le clair-obscur
qui transfigure

pour un accès
au matin calme

du puits des limbes
émerge un pas
qui se devine et vacillant

silhouette en mal d'incarnation
cloporte fougère ou libellule
créature se créant
par froissement de bras et d'ombres

ça cherche une clarté
ça ondoie lentement
ça déploie tout à coup

ce mouvement d'étoile
qui dénude les mondes

la cape glisse alors
sur un autre linceul

on sait que c'est la traîne
des tisseuses de néant

au sol une lueur
de ciel calciné

comme s'il neigeait
de la cendre et du sel

de la poussière
de très vieux temps

du calcaire ou du lœss
de très haute ascendance

dans l'arène ce qui court
c'est la métamorphose

le corps à corps de la pénombre

les miroirs face à face

un désir enflammé dès le premier exil
sur le versant maudit des choses

il y a ce rite
qui fait pari de maîtrise
acte de méditation

chaque geste sous contrôle
chaque émotion masquée
chaque offrande retenue

pas seulement
cérémonies de servantes
saluts de palefreniers
ou poses de princesses

mais un effort physique
changé en code d'honneur
mais de l'esprit dompté
sitôt monté à cru

des chevaux de neige et de nuit
passent par lune noire

l'espace est au givre

il reste une pâleur d'éclipse
dans les voiles de la terre

fantôme ou pénitent
en quête d'innocence

celui qui foule l'immaculé
a caché son visage

il laisse une trace livide
pour n'être à l'avenir

plus suivi qu'en pensée

messager d'insomnie
émissaire effacé

l'empreinte des sabots
marque le creux des songes

un piaffé de légende
qui lève doucement

l'horizon des déserts
et l'horizon des steppes

d'où cela venu
qui résonne par les chemins de ronde ?

d'où cela tenu
qui mène tant de migrations ?

d'où cela perdu
qui renoue les rapts les conquêtes ?

le cavalier de jadis
le cavalier d'Apocalypse
s'est éclipsé

ne rôde en lisière
que la découpe immense
d'une ombre portant une ombre
qui fauche la lumière

dans l'angle éteint de l'univers
est un amour qui meurt

soleil blanc soleil noir
les corps changent de peau et dansent
pour un cri écorché

c'est l'écho d'une alarme
avec divination au couteau

la prophétie est sans nuage

Artaud a vu que le dieu
était le cheval
pas le soleil

libre libre libre et seule
sans œillères sans rênes sans mors

la cavale blanche s'éclaire
à une torche de neige

le souffle par les naseaux
projeté comme une aube
qui n'attend rien du jour

la gaîté se conjugue au noir
à la merci d'un lutin en capuche
et des facéties d'un petit bai brun
virevoltant joyeux funambule
toujours complice

très endiablé très endiablant
sur un tempo de bacchanale
qui peut s'arrêter à temps
jambes croisées et frémissant
tumulte devenu tendresse

une élégance extrême
improvise ses coutumes

c'est un réel jeté
au-delà de ses bases

c'est un fantasme pur
qui prend ses éventails

des éclats de Corée
en parures japonaises

où s'échange un destin
loin de l'histoire ancienne

amazones impeccables
sur de lourds destriers

ce sont les geishas
de quel plaisir parfait ?

guerriers sans campement
qui n'affrontent que le vent

ce sont les samouraïs
de quel empire équestre ?

debout sur un cheval
l'infini change de place

ici Baudelaire pas de châtiment
pour l'homme ivre d'une ombre qui passe

sur le divan d'un étalon
une sultane en Joséphine
dite de très beau harnais
fait ce qui lui plaît

elle est d'une île créole
où se trouvent les idoles
de l'indolence et du feu
elle en a les yeux

étant de mœurs légères
elle a des langueurs d'écuyère
qui aime être sur le dos
au son des sabots

satin de muscles
tendons-lyres
crinières d'étoiles
croupes océanes
cabré farouche
dans l'air nocturne

l'ange est au bivouac
loin des hymnes et des plumes

tombé d'un rêve antique
prêt à forcer l'allure

la tourmente n'a laissé
qu'un tapis de ténèbres
pour une course heureuse
qui ne dévaste plus

c'est la nuit
d'un envol chargé d'espace
où respire un feu froid

et la grâce insolée
d'une geste mystique

il y a tout l'univers foulé
de nos chants de nos ivresses

tout l'assaut renaissant
de ce galop au ralenti
qui retient la ferveur le vertige

la mesure sans mesure
de notre cœur à perte de vue

et ce destin rétif
au goût de crin sur les dents

soudain le corps magique
du centaure-papillon

avec ses ailes volées aux limbes

devient l'âme en suspens
d'une errance accordée

puis la neige revient
c'est parfois de la cendre
de la rosée parfois
ou une pluie de roses

les hommes s'ébrouent
dans le cratère des chevaux
comme s'ils secouaient
mille siècles de bannissement

chacun veut enfanter
les ancêtres de son rêve
retrouver la joie
de ruer dans le vide

les acrobates les voltigeurs
les danseurs les bayadères
se sont changés en officiants
pour une ultime divination

surgit la masse obscure
du grand frison
qui reprend la parade
et se frotte à la terre

assis en majesté
il voit à contre-jour
le cercle des cavaliers

ceux-là vont sur la grève
cheminant tout autour
de leur mémoire vivante

## MONSIEUR ZINGARO

*je te nomme maître de l'éphémère*
*toi le gardien du nom*
*toi l'emblème des insolences*
*toi le mastodonte farceur qui joue*
*à la bête mythologique*
*et prend plaisir à étirer le temps*
*quand on te fête comme une idole*

*Bartabas t'a sevré et pris pour confident*
*il a écouté les histoires qui te hantent le sang*
*la plainte que tu siffles en dormant*
*cette violence faite à l'infini*
*sitôt qu'il y a des enclos des frontières*
*ce long chuintement des chariots*
*pour les migrations qui se changent en exode*

*toi tu rêves en effaçant tes rêves*
*tu pleures avec les chevaux d'Achille*
*devant la dépouille de Patrocle*
*tu ris du spectre de Tamerlan*
*qui dans un ciel vide*
*cherche où attacher sa monture*
*et tu ne renonces jamais aux licornes*

*toi tu galopes en assommant les pierres*
*tu sais que ta force impressionne*
*avec ses reflets d'argent*
*mais tu as l'œil câlin sous le toupet*
*presque confiance dans les matins du monde*
*au fond tu n'es pas sérieux*
*et tu as dix-sept ans*

## NOTE SUR LES SPECTACLES

*Zingaro suite équestre* évoque l'ensemble des créations de Bartabas de 1984 à 1999 :

CABARET ÉQUESTRE 1, créé à Sigma Bordeaux, représenté de l'automne 1984 à mai 1987

CABARET ÉQUESTRE 2, créé au festival d'Avignon, représenté de juillet 1987 à avril 1989

CABARET ÉQUESTRE 3, donné en avant-première à Modène en juin 1989, créé au festival d'Avignon, représenté de juillet 1989 à décembre 1990, la troupe s'étant installée au fort d'Aubervilliers pendant l'été 1989

OPÉRA ÉQUESTRE, créé au festival d'Avignon, représenté de juillet 1991 à décembre 1993

CHIMÈRE, donné en avant-première au Rurhfestspiele en mai 1994, créé au festival d'Avignon, représenté de juillet 1994 à novembre 1996

ÉCLIPSE, donné en avant-première au Rurhfestspiele en mai 1997, créé au festival d'Avignon, représenté de juillet 1997 à l'automne 1999 avec et contre les hommes                     11

CABARET
au sabir de la tribu                          25

OPÉRA
nomades de tous les pays                      53

CHIMÈRE
chevauchée dans les fables                    79

ÉCLIPSE
là-bas des soleils contraires                105

*Monsieur Zingaro*                           139

note sur les spectacles                      142

# DU MÊME AUTEUR

### *Aux Éditions Gallimard*

AISHA\*, *préface d'Alain Jouffroy.*

L'ARBRE-SEUL, prix Mallarmé.

LE HAUT-PAYS, Goncourt/Poésie.

DU GANGE À ZANZIBAR, prix Louise-Labé.

LE SEPTIÈME SOMMET, *poèmes pour Chantal Mauduit.*

L'AMOUR EXTRÊME, *poèmes pour Chantal Mauduit.*

LA VIE EN DANSANT

### *Chez d'autres éditeurs*

DU PRISME NOIR\*, *illustrations de Rebeyrolle*, Fata Morgana.

PASSAGE EN FORCE (1971-1974), Le Castor Astral.

ÉTAPES BRÛLÉES (1974-1978), Le Castor Astral.

DAR-Î-NÛR\*, Nulle Part.

L'ENFER ET LES FLEURS, *illustrations de Saura*, Fata Morgana.

AUTOPORTRAITS, Paroles d'Aube.

OUVRIR LE CHANT, Le Castor Astral.

*essais*

LE LIVRE DE L'OUTIL\*\*, *photos de Jean Marquis,* Messidor.

LES OUTILS DU CORPS\*\*, *photos de Jean Marquis,* Messidor.

LES BAZARS DE KABOUL\*\*, *avec E. Delloye,* A.-M. Métaillié.

PEUPLES DU TOIT DE MONDE\*\*, Chêne-Hachette.

LADAKH-HIMALAYA\*\*, Albin Michel.

\*   avec Serge Sautreau
\*\*  avec Marie-José Lamothe

MARELLE-MÉMOIRE, *photos de Gérard Rondeau,* Marval.

*Discographie*

LE GRAND PASSAGE, CD Paroles d'Aube.
ÇA CAVALE, CD Paroles d'Aube.

*Anthologies*

LES POÈTES DU CHAT NOIR, Poésie/Gallimard.
ORPHÉE STUDIO, *Poésie d'aujourd'hui à voix haute*, Poésie/Gallimard.
L'HIMALAYA, Favre.

# COLLECTION FOLIO

*Dernières parutions*

| | | |
|---|---|---|
| 3019. | Raymond Queneau | *Les derniers jours.* |
| 3020. | Mario Vargas Llosa | *Lituma dans les Andes.* |
| 3021. | Pierre Gascar | *Les femmes.* |
| 3022. | Penelope Lively | *La sœur de Cléopâtre.* |
| 3023. | Alexandre Dumas | *Le Vicomte de Bragelonne I.* |
| 3024. | Alexandre Dumas | *Le Vicomte de Bragelonne II.* |
| 3025. | Alexandre Dumas | *Le Vicomte de Bragelonne III.* |
| 3026. | Claude Lanzmann | *Shoah.* |
| 3027. | Julian Barnes | *Lettres de Londres.* |
| 3028. | Thomas Bernhard | *Des arbres à abattre.* |
| 3029. | Hervé Jaouen | *L'allumeuse d'étoiles.* |
| 3030. | Jean d'Ormesson | *Presque rien sur presque tout.* |
| 3031. | Pierre Pelot | *Sous le vent du monde.* |
| 3032. | Hugo Pratt | *Corto Maltese.* |
| 3033. | Jacques Prévert | *Le crime de Monsieur Lange. Les portes de la nuit.* |
| 3034. | René Reouven | *Souvenez-vous de Monte-Cristo.* |
| 3035. | Mary Shelley | *Le dernier homme.* |
| 3036. | Anne Wiazemsky | *Hymnes à l'amour.* |
| 3037. | Rabelais | *Quart livre.* |
| 3038. | François Bon | *L'enterrement.* |
| 3039. | Albert Cohen | *Belle du Seigneur.* |
| 3040. | James Crumley | *Le canard siffleur mexicain.* |
| 3041. | Philippe Delerm | *Sundborn ou les jours de lumière.* |
| 3042. | Shûzaku Endô | *La fille que j'ai abandonnée.* |
| 3043. | Albert French | *Billy.* |
| 3044. | Virgil Gheorghiu | *Les Immortels d'Agapia.* |
| 3045. | Jean Giono | *Manosque-des-Plateaux suivi de Poème de l'olive.* |
| 3046. | Philippe Labro | *La traversée.* |
| 3047. | Bernard Pingaud | *Adieu Kafka ou l'imitation.* |
| 3048. | Walter Scott | *Le Cœur du Mid-Lothian.* |
| 3049. | Boileau-Narcejac | *Champ clos.* |

3050. Serge Brussolo : *La maison de l'aigle.*
3052. Jean-François Deniau : *L'Atlantique est mon désert.*
3053. Mavis Gallant : *Ciel vert, ciel d'eau.*
3054. Mavis Gallant : *Poisson d'avril.*
3056. Peter Handke : *Bienvenue au conseil d'administration.*
3057. Anonyme : *Josefine Mutzenbacher. Histoire d'une fille de Vienne racontée par elle-même.*
3059. Jacques Sternberg : *188 contes à régler.*
3060. Gérard de Nerval : *Voyage en Orient.*
3061. René de Ceccatty : *Aimer.*
3062. Joseph Kessel : *Le tour du malheur I : La fontaine Médicis. L'affaire Bernan.*
3063. Joseph Kessel : *Le tour du malheur II : Les lauriers-roses. L'homme de plâtre.*
3064. Pierre Assouline : *Hergé.*
3065. Marie Darrieussecq : *Truismes.*
3066. Henri Godard : *Céline scandale.*
3067. Chester Himes : *Mamie Mason.*
3068. Jack-Alain Léger : *L'autre Falstaff.*
3070. Rachid O. : *Plusieurs vies.*
3071. Ludmila Oulitskaïa : *Sonietchka.*
3072. Philip Roth : *Le Théâtre de Sabbath.*
3073. John Steinbeck : *La Coupe d'Or.*
3074. Michel Tournier : *Éléazar ou La Source et le Buisson.*
3075. Marguerite Yourcenar : *Un homme obscur — Une belle matinée.*
3076. Loti : *Mon frère Yves.*
3078. Jerome Charyn : *La belle ténébreuse de Biélo-russie.*
3079. Harry Crews : *Body.*
3080. Michel Déon : *Pages grecques.*
3081. René Depestre : *Le mât de cocagne.*
3082. Anita Desai : *Où irons-nous cet été ?*
3083. Jean-Paul Kauffmann : *La chambre noire de Longwood.*
3084. Arto Paasilinna : *Prisonniers du paradis.*
3086. Alain Veinstein : *L'accordeur.*
3087. Jean Maillart : *Le Roman du comte d'Anjou.*
3088. Jorge Amado : *Navigation de cabotage. Notes pour des mémoires que je n'écrirai jamais.*

| | | |
|---|---|---|
| 3089. | Alphonse Boudard | *Madame... de Saint-Sulpice.* |
| 3091. | William Faulkner | *Idylle au désert et autres nouvelles.* |
| 3092. | Gilles Leroy | *Les maîtres du monde.* |
| 3093. | Yukio Mishima | *Pèlerinage aux Trois Montagnes.* |
| 3095. | Reiser | *La vie au grand air 3.* |
| 3096. | Reiser | *Les oreilles rouges.* |
| 3097. | Boris Schreiber | *Un silence d'environ une demi-heure I.* |
| 3098. | Boris Schreiber | *Un silence d'environ une demi-heure II.* |
| 3099. | Aragon | *La Semaine Sainte.* |
| 3100. | Michel Mohrt | *La guerre civile.* |
| 3101. | Anonyme | *Don Juan (scénario de Jacques Weber).* |
| 3102. | Maupassant | *Clair de lune et autres nouvelles.* |
| 3103. | Ferdinando Camon | *Jamais vu soleil ni lune.* |
| 3104. | Laurence Cossé | *Le coin du voile.* |
| 3105. | Michel del Castillo | *Le sortilège espagnol.* |
| 3106. | Michel Déon | *La cour des grands.* |
| 3107. | Régine Detambel | *La verrière.* |
| 3108. | Christian Bobin | *La plus que vive.* |
| 3109. | René Frégni | *Tendresse des loups.* |
| 3110. | N. Scott Momaday | *L'enfant des temps oubliés.* |
| 3111. | Henry de Montherlant | *Les garçons.* |
| 3113. | Jerome Charyn | *Il était une fois un droshky.* |
| 3114. | Patrick Drevet | *La micheline.* |
| 3115. | Philippe Forest | *L'enfant éternel.* |
| 3116. | Michel del Castillo | *La tunique d'infamie.* |
| 3117. | Witold Gombrowicz | *Ferdydurke.* |
| 3118. | Witold Gombrowicz | *Bakakaï.* |
| 3119. | Lao She | *Quatre générations sous un même toit.* |
| 3120. | Théodore Monod | *Le chercheur d'absolu.* |
| 3121. | Daniel Pennac | *Monsieur Malaussène au théâtre.* |
| 3122. | J.-B. Pontalis | *Un homme disparaît.* |
| 3123. | Sempé | *Simple question d'équilibre.* |
| 3124. | Isaac Bashevis Singer | *Le Spinoza de la rue du Marché.* |
| 3125. | Chantal Thomas | *Casanova. Un voyage libertin.* |
| 3126. | Gustave Flaubert | *Correspondance.* |
| 3127. | Sainte-Beuve | *Portraits de femmes.* |
| 3128. | Dostoïevski | *L'Adolescent.* |
| 3129. | Martin Amis | *L'information.* |

| | | |
|---|---|---|
| 3130. | Ingmar Bergman | *Fanny et Alexandre.* |
| 3131. | Pietro Citati | *La colombe poignardée.* |
| 3132. | Joseph Conrad | *La flèche d'or.* |
| 3133. | Philippe Sollers | *Vision à New York* |
| 3134. | Daniel Pennac | *Des chrétiens et des Maures.* |
| 3135. | Philippe Djian | *Criminels.* |
| 3136. | Benoît Duteurtre | *Gaieté parisienne.* |
| 3137. | Jean-Christophe Rufin | *L'Abyssin.* |
| 3138. | Peter Handke | *Essai sur la fatigue. Essai sur le juke-box. Essai sur la journée réussie.* |
| 3139. | Naguib Mahfouz | *Vienne la nuit.* |
| 3140. | Milan Kundera | *Jacques et son maître, hommage à Denis Diderot en trois actes.* |
| 3141. | Henry James | *Les ailes de la colombe.* |
| 3142. | Dumas | *Le Comte de Monte-Cristo I.* |
| 3143. | Dumas | *Le Comte de Monte-Cristo II.* |
| 3144. | | *Les Quatre Évangiles.* |
| 3145. | Gogol | *Nouvelles de Pétersbourg.* |
| 3146. | Roberto Benigni et Vicenzo Cerami | *La vie est belle.* |
| 3147 | Joseph Conrad | *Le Frère-de-la-Côte.* |
| 3148. | Louis de Bernières | *La mandoline du capitaine Corelli.* |
| 3149. | Guy Debord | *"Cette mauvaise réputation..."* |
| 3150. | Isadora Duncan | *Ma vie.* |
| 3151. | Hervé Jaouen | *L'adieu aux îles.* |
| 3152. | Paul Morand | *Flèche d'Orient.* |
| 3153. | Jean Rolin | *L'organisation.* |
| 3154. | Annie Ernaux | *La honte.* |
| 3155. | Annie Ernaux | *« Je ne suis pas sortie de ma nuit ».* |
| 3156. | Jean d'Ormesson | *Casimir mène la grande vie.* |
| 3157. | Antoine de Saint-Exupéry | *Carnets.* |
| 3158. | Bernhard Schlink | *Le liseur.* |
| 3159. | Serge Brussolo | *Les ombres du jardin.* |
| 3161. | Philippe Meyer | *Le progrès fait rage. Chroniques 1.* |
| 3162. | Philippe Meyer | *Le futur ne manque pas d'avenir. Chroniques 2.* |
| 3163. | Philippe Meyer | *Du futur faisons table rase. Chroniques 3.* |
| 3164. | Ana Novac | *Les beaux jours de ma jeunesse.* |

| | | |
|---|---|---|
| 3165. | Philippe Soupault | *Profils perdus.* |
| 3166. | Philippe Delerm | *Autumn.* |
| 3167. | Hugo Pratt | *Cour des mystères.* |
| 3168. | Philippe Sollers | *Studio.* |
| 3169. | Simone de Beauvoir | *Lettres à Nelson Algren. Un amour transatlantique. 1947-1964.* |
| 3170. | Elisabeth Burgos | *Moi, Rigoberta Menchú.* |
| 3171. | Collectif | *Une enfance algérienne.* |
| 3172. | Peter Handke | *Mon année dans la baie de Personne.* |
| 3173. | Marie Nimier | *Celui qui court derrière l'oiseau.* |
| 3175. | Jacques Tournier | *La maison déserte.* |
| 3176. | Roland Dubillard | *Les nouveaux diablogues.* |
| 3177. | Roland Dubillard | *Les diablogues et autres inventions à deux voix.* |
| 3178. | Luc Lang | *Voyage sur la ligne d'horizon* |
| 3179. | Tonino Benacquista | *Saga.* |
| 3180. | Philippe Delerm | *La première gorgée de bière et autres plaisirs minuscules.* |
| 3181. | Patrick Modiano | *Dora Bruder.* |
| 3182. | Ray Bradbury | *... mais à part ça tout va très bien.* |
| 3184. | Patrick Chamoiseau | *L'esclave vieil homme et le molosse.* |
| 3185. | Carlos Fuentes | *Diane ou La chasseresse solitaire.* |
| 3186. | Régis Jauffret | *Histoire d'amour.* |
| 3187. | Pierre Mac Orlan | *Le carrefour des Trois Couteaux.* |
| 3188. | Maurice Rheims | *Une mémoire vagabonde.* |
| 3189. | Danièle Sallenave | *Viol.* |
| 3190. | Charles Dickens | *Les Grandes Espérances.* |
| 3191. | Alain Finkielkraut | *Le mécontemporain.* |
| 3192. | J.M.G. Le Clézio | *Poisson d'or.* |
| 3193. | Bernard Simonay | *La première pyramide, I : La jeunesse de Djoser.* |
| 3194. | Bernard Simonay | *La première pyramide, II : La cité sacrée d'Imhotep* |
| 3195. | Pierre Autin-Grenier | *Toute une vie bien ratée.* |
| 3196. | Jean-Michel Barrault | *Magellan : la terre est ronde.* |
| 3197. | Romain Gary | *Tulipe.* |
| 3198. | Michèle Gazier | *Sorcières ordinaires.* |
| 3199. | Richard Millet | *L'amour des trois sœurs Piale.* |
| 3200. | Antoine de Saint-Exupéry | *Le petit prince.* |

| | | |
|---|---|---|
| 3201. | Jules Verne | *En Magellanie.* |
| 3202. | Jules Verne | *Le secret de Wilhelm Storitz.* |
| 3203. | Jules Verne | *Le volcan d'or.* |
| 3204. | Anonyme | *Le charroi de Nîmes.* |
| 3205. | Didier Daeninckx | *Hors limites.* |
| 3206. | Alexandre Jardin | *Le Zubial.* |
| 3207. | Pascal Jardin | *Le Nain Jaune.* |
| 3208. | Patrick McGrath | *L'asile.* |
| 3209. | Blaise Cendrars | *Trop c'est trop.* |
| 3210. | Jean-Baptiste Evette | *Jordan Fantosme.* |
| 3211. | Joyce Carol Oates | *Au commencement était la vie.* |
| 3212. | Joyce Carol Oates | *Un amour noir.* |
| 3213. | Jean-Yves Tadié | *Marcel Proust I.* |
| 3214. | Jean-Yves Tadié | *Marcel Proust II.* |
| 3215. | Réjean Ducharme | *L'océantume.* |
| 3216. | Thomas Bernhard | *Extinction.* |
| 3217. | Balzac | *Eugénie Grandet.* |
| 3218. | Zola | *Au Bonheur des Dames.* |
| 3219. | Charles Baudelaire | *Les Fleurs du Mal.* |
| 3220. | Corneille | *Le Cid.* |
| 3221. | Anonyme | *Le Roman de Renart.* |
| 3222. | Anonyme | *Fabliaux.* |
| 3223. | Hugo | *Les Misérables I.* |
| 3224. | Hugo | *Les Misérables II.* |
| 3225. | Anonyme | *Tristan et Iseut.* |
| 3226. | Balzac | *Le Père Goriot.* |
| 3227. | Maupassant | *Bel-Ami.* |
| 3228. | Molière | *Le Tartuffe.* |
| 3229. | Molière | *Dom Juan.* |
| 3230. | Molière | *Les Femmes savantes.* |
| 3231. | Molière | *Les Fourberies de Scapin.* |
| 3232. | Molière | *Le Médecin malgré lui.* |
| 3233. | Molière | *Le Bourgeois gentilhomme.* |
| 3234. | Molière | *L'Avare.* |
| 3235. | Homère | *Odyssée.* |
| 3236. | Racine | *Andromaque.* |
| 3237. | La Fontaine | *Fables choisies.* |
| 3238. | Perrault | *Contes.* |
| 3239. | Daudet | *Lettres de mon moulin.* |

| | |
|---|---|
| 3240. Mérimée | *La Vénus d'Ille.* |
| 3241. Maupassant | *Contes de la Bécasse.* |
| 3242. Maupassant | *Le Horla.* |
| 3243. Voltaire | *Candide ou l'Optimisme.* |
| 3244. Voltaire | *Zadig ou la Destinée.* |
| 3245. Flaubert | *Trois Contes.* |
| 3246. Rostand | *Cyrano de Bergerac.* |
| 3247. Maupassant | *La Main gauche.* |
| 3248. Rimbaud | *Poésies.* |
| 3249. Beaumarchais | *Le Mariage de Figaro.* |
| 3250. Maupassant | *Pierre et Jean.* |
| 3251. Maupassant | *Une vie.* |
| 3252. Flaubert | *Bouvart et Pécuchet.* |
| 3253. Jean-Philippe Arrou-Vignod | *L'Homme du cinquième jour.* |
| 3254. Christian Bobin | *La femme à venir.* |
| 3255. Michel Braudeau | *Pérou.* |
| 3256. Joseph Conrad | *Un paria des îles.* |
| 3257. Jerôme Garcin | *Pour Jean Prévost.* |
| 3258. Naguib Mahfouz | *La quête.* |
| 3259. Ian McEwan | *Sous les draps et autres nouvelles.* |
| 3260. Philippe Meyer | *Paris la Grande.* |
| 3261. Patrick Mosconi | *Le chant de la mort.* |
| 3262. Dominique Noguez | *Amour noir.* |
| 3263. Olivier Todd | *Albert Camus, une vie.* |
| 3264. Marc Weitzmann | *Chaos.* |
| 3265. Anonyme | *Aucassin et Nicolette.* |
| 3266. Tchekhov | *La dame au petit chien et autres nouvelles.* |
| 3267. Hector Bianciotti | *Le pas si lent de l'amour.* |
| 3268 Pierre Assouline | *Le dernier des Camondo.* |
| 3269. Raphaël Confiant | *Le meurtre du Samedi-Gloria.* |
| 3270. Joseph Conrad | *La Folie Almayer.* |
| 3271. Catherine Cusset | *Jouir.* |
| 3272. Marie Darrieussecq | *Naissance des fantômes.* |
| 3273. Romain Gary | *Europa.* |
| 3274. Paula Jacques | *Les femmes avec leur amour.* |
| 3275. Iris Murdoch | *Le chevalier vert.* |
| 3276. Rachid O. | *L'enfant ébloui.* |

| | | |
|---|---|---|
| 3277. | Daniel Pennac | *Messieurs les enfants.* |
| 3278. | John Edgar Wideman | *Suis-je le gardien de mon frère ?* |
| 3279. | François Weyergans | *Le pitre.* |
| 3280. | Pierre Loti | *Le Roman d'un enfant suivi de Prime jeunesse.* |
| 3281. | Ovide | *Lettres d'amour.* |
| 3282. | Anonyme | *La Farce de Maître Pathelin.* |
| 3283. | François-Marie Banier | *Sur un air de fête.* |
| 3284. | Jemia et J.M.G. Le Clézio | *Gens des nuages.* |
| 3285. | Julian Barnes | *Outre-Manche.* |
| 3286. | Saul Bellow | *Une affinité véritable.* |
| 3287. | Emmanuèle Bernheim | *Vendredi soir.* |
| 3288. | Daniel Boulanger | *Le retable Wasserfall.* |
| 3289. | Bernard Comment | *L'ombre de mémoire.* |
| 3290. | Didier Daeninckx | *Cannibale.* |
| 3291. | Orhan Pamuk | *Le château blanc.* |
| 3292. | Pascal Quignard | *Vie secrète.* |
| 3293. | Dominique Rolin | *La Rénovation.* |
| 3294. | Nathalie Sarraute. | *Ouvrez.* |
| 3295. | Daniel Zimmermann | *Le dixième cercle.* |
| 3296. | Zola | *Rome.* |
| 3297. | Maupassant | *Boule de suif.* |
| 3298. | Balzac | *Le Colonel Chabert.* |
| 3299. | José Maria Eça de Queiroz | *202, Champs-Élysées.* |
| 3300. | Molière | *Le Malade Imaginaire.* |
| 3301. | Sand | *La Mare au Diable.* |
| 3302. | Zola | *La Curée.* |
| 3303. | Zola | *L'Assommoir.* |
| 3304. | Zola | *Germinal.* |
| 3305. | Sempé | *Raoul Taburin.* |
| 3306. | Sempé | *Les Musiciens.* |
| 3307. | Maria Judite de Carvalho | *Tous ces gens, Mariana…* |
| 3308. | Christian Bobin | *Autoportrait au radiateur.* |
| 3309. | Philippe Delerm | *Il avait plu tout le dimanche.* |
| 3312. | Pierre Pelot | *Ce soir, les souris sont bleues.* |
| 3313. | Pierre Pelot | *Le nom perdu du soleil.* |
| 3314. | Angelo Rinaldi | *Dernières nouvelles de la nuit.* |
| 3315. | Arundhati Roy | *Le Dieu des Petits Riens.* |

3316. Shan Sa — *Porte de la paix céleste.*
3317. Jorge Semprun — *Adieu, vive clarté…*
3318. Philippe Sollers — *Casanova l'admirable.*
3319. Victor Segalen — *René Leys.*
3320. Albert Camus — *Le premier homme.*
3321. Bernard Comment — *Florence, retours.*
3322. Michel Del Castillo — *De père français.*
3323. Michel Déon — *Madame Rose.*
3324. Philipe Djian — *Sainte-Bob.*
3325. Witold Gombrowicz — *Les envoûtés.*
3326. Serje Joncour — *Vu.*
3327. Milan Kundera — *L'identité.*
3328. Pierre Magnan — *L'aube insolite.*
3329. Jean-Noël Pancrazi — *Long séjour.*
3330. Jacques Prévert — *La cinquième saison.*
3331. Jules Romains — *Le vin blanc de la Villette.*
3332. Thucydide — *La Guerre du Péloponnèse.*
3333. Pierre Charras — *Juste avant la nuit.*
3334. François Debré — *Trente ans avec sursis.*
3335. Jérôme Garcin — *La chute de cheval.*
3336. Syvie Germain — *Tobie des marais.*
3337. Angela Huth — *L'invitation à la vie conjugale.*
3338. Angela Huth — *Les filles de Hallows Farm.*
3339. Luc Lang — *Mille six cents ventres.*
3340. J.M.G. Le Clezio — *La fête chantée.*
3341. Daniel Rondeau — *Alexandrie.*
3342. Daniel Rondeau — *Tanger.*
3343. Mario Vargas Llosa — *Les cahiers de Don Rigoberto.*
3344. Philippe Labro — *Rendez-vous au Colorado.*
3345. Christine Angot — *Not to be.*
3346. Christine Angot — *Vu du ciel.*

*Impression I.M.E*
*le 12 mai 2000*
*Dépôt légal : mai 2000*
*Numéro d'imprimeur : 14218*

*ISBN* *2-07-041277-6*/Imprimé en France.

94205

Printed in Great Britain
by Amazon